ROYAL CHAPTERS

ROYAL CHAPTERS

CARLOMAN II KING OF WEST FRANCIA

Copyright 2025 by Dalcassian Press

All rights reserved. No part of this book may be reproduced in any manner whatsoever without written permission except in the case of brief quotations embodied in critical articles and reviews.

No part of this publication may be reproduced, distributed, or transmitted in any form or by any means, including photocopying, recording, or other electronic or mechanical methods, without the prior written permission of the publisher, except in the case of brief quotations embodied in critical reviews and certain other non-commercial uses permitted by copyright law. For permission requests, write to Dalcassian Press at admin@thescriptoriumproject.com

Translator: Curtin, D.P. (1985-)

ISBN: 979-8-3492-8642-1 (Paperback)
ISBN: 979-8-3492-8643-8 (eBook)
Library of Congress Control Number:

Printed by Ingram Content Group, 1 Ingram Blvd, La Vergne, Tennessee
First Printing 2025, Dalcassian Press, Wilmington, DE

This work is part of a series produced in association with the Scriptorium Project and its community of scholars and translators.
Please visit our website at: www.thescriptoriumproject.com

ROYAL CHAPTERS OF CARLOMAN II

CHAPTERS AT THE PALACE OF VERNIS

In the name of the holy and undivided Trinity, Karlomannus, by the grace of God king, to all venerable bishops, abbots, counts, judges, and all the faithful of the holy Church of God and our own. When we had gathered at the palace of Vernis in the year of the Lord's incarnation 884, in the fifth year of our reign, in the second indiction, in the month of March, and a part of our faithful with us, it pleased us that certain statutes of the sacred canons as well as certain chapters of our predecessors be renewed; because we bear heavily and with annoyance that, hindered by sins and overwhelmed by the wickedness of perverse men, they are devalued beyond measure and nearly nullified, especially those that were promulgated against the evil of robbery and plunder by the holy fathers, and confirmed by the authority of the most Christian kings. Indeed, this poison has spread so far and wide that all those infected and corrupted in body and soul abuse it almost freely, not reflecting on what Paul says, rather God Almighty through him: "Robbers will not inherit the kingdom of God." Nor that which the Apostle says elsewhere, for if we consume and devour ourselves, that is, if we plunder, we will soon perish. Therefore, what Almighty God reproaches us through the prophet Isaiah is fulfilled in us, indeed through us, saying: "Each will devour the flesh of his own arm," that is, he will seize the substance of his brother. For he devours the flesh of his own arm and drinks the blood of his own arm who takes away the substance of his neighbor, from which his flesh ought to be sustained. It is not surprising if pagans and foreign nations dominate us and take away our temporal goods, while each one seizes from his neighbor by force what he needs to live. Therefore, it rightly befits us what Almighty God threatens through the prophet Isaiah, saying:

"Woe to you who plunder, will you not also be plundered?" But we indeed plunder our brothers, and therefore pagans justly plunder us and our substance. How then can we securely proceed against the enemies of the holy Church of God and our own, when the plunder of the poor is enclosed in our house? And it is not only enclosed in the house, but it often happens that some set out against the enemy with a full belly of plunder. And how can we overcome our enemies, when the blood of our brothers drips from our mouths, and our hands are full of blood, and our arms are weighed down by the burdens of misery and plunder, and the whole strength of our soul and body is weakened? Our prayers are not received by God, because the cries and lamentations and deep sighs of the poor and orphans, of widows and of the helpless, anticipate and prevent our prayers, which, weighed down by the raw flesh of our brothers, have taken on a hoarse sound, having no resonance of virtue. And there are many who seem to make alms from this very plunder, not understanding what Isaiah says about such: "He who offers to the Lord a gift from plunder is like one who sacrifices a son before his father." And there are some who seek counsel and repentance for homicides, adulteries, perjuries, and arsons, and regard the evil of plunder as nothing, not understanding that for every poor person whom one strips and causes to perish from hunger and nakedness, he commits as many homicides: for then he kills his neighbor when he takes away what he needs to live. And we know, as the Apostle Paul says, that every murderer has no life in the kingdom of God, and God will judge murderers and adulterers. Therefore, since robbers will not inherit the kingdom of God unless they return what they have taken and do penance besides, let us flee this singular evil, from which so many other evils proceed, and let us love our neighbors as ourselves, fulfilling the law which says: "You shall not covet your neighbor's goods, nor anything that belongs to him." For otherwise, we will neither be able to resist our enemies nor inherit the kingdom of God.

1. Therefore, we wish that our palace, according to the custom of our predecessors, be established in the worship of God, in royal honor,

and in the habit of religion, in the concord of unanimity, and in the order of peace, and that in this same palace of ours the peace preserved by the sanctions of our predecessors be carried out throughout our entire kingdom.

2. We therefore decree that all who dwell in our palace and come to it from all sides live peacefully. But if anyone exercises plunder under a corrupted peace, let him be brought to the palace by our royal authority and the command of our emissaries for hearing; so that according to what is contained in the chapters of our predecessors, he may be punished by legal judgment, having completed a triple composition with the lord's ban.

3. If anyone, however, does the same without a senior, either in the palace or around it, let our emissary approach him, and by our command let him be ordered to come to the palace. But if he contemptuously refuses to come with reckless audacity, let him be brought to our presence by force, to be subjected to the sanctions of our predecessors. But if he despises both us and our emissary, and does not wish to come to us, and is killed while defending himself there, and someone of his relatives or friends wishes to bring a claim against our faithful who have killed him, we will allow him to swear an oath, and we will assist our faithful by royal authority from that point on.

4. It has also pleased us and our faithful that whoever has plundered or has been plundered within our kingdom shall compensate threefold for everything and pay the lord's ban, and furthermore shall perform public penance for it, as contained in the capitular of our predecessors.

If, however, he is a tenant or a servant, let him make amends for everything in triple, or let the lord receive sixty well-pressed blows on his behalf, and furthermore let him perform public penance for it; the manner of which will be at the discretion of the bishop, according to the gravity of the act: because fornications and adulteries and homicides, as well as arsons, drunkenness, and many other vices arise from this. But if anyone denies the act, if he is not proven, he shall clear himself by his own hand with an oath; except for our lord's vassals, for whom the better men among them will pay the oath. This, indeed, shall be managed with the utmost diligence in this way.

5. If someone within the parish has been robbed, the bishop in whose parish it occurs shall call him once, twice, and a third time, if necessary, through his presbyter canonically to amend [or to make restitution] and to do penance, so that he may satisfy God and the church for the harm he has done. But if he despises and scorns this admonition and most wholesome invitation, let him be struck with the pastoral staff, that is, with the sentence of excommunication, so that he may be separated from the communion of the holy church and all Christians until he makes appropriate satisfaction and [worthy] amendment. The same bishop shall notify the senior of that person and all his fellow bishops of this excommunication, so that they do not receive him until he makes [worthy] satisfaction.

6. As for those who do not have benefits and land within the parish and are of another bishop's parish, and while going to the court or traveling from place to place commit robberies and depredations within the parish, we have decided that if they are so close to the bishop that he can be informed of their depredation before they leave his parish, he should send a vigorous and prudent presbyter, who in his stead reasonably calls them to amend. In this, the superior method of restitution and amendment shall be observed if those called do not wish to come. But if they scorn the bishop's calling and admonition with arrogance, let them be struck with a similar sentence of excommunication as those who have goods or benefits within the parish; and furthermore let them be excommunicated, so that they do not leave the parish until they fulfill the previously established statutes. The excommunication of these shall be reported to their senior and their

own bishop, so that they do not receive them until they return to the place where they committed the robbery and there fully make amends.

7. And since bishops, who are occupied with the needs of our and their own and the common church and the whole kingdom, are not able to oversee all that is perpetrated within the boundaries of their parishes, we have decreed that whenever bishops depart from their own city, each should leave such helpers in his city who can prudently carry out all these matters in his city, and that the poor redeemed by the blood of Christ always find someone present in the city from whom they can receive a response and consolation. In the streets and villages far from the city, let each bishop appoint reverend and cautious presbyters, tempered with prudence, who will modestly fulfill the statutes established above in his stead, and to whom other junior and less cautious presbyters can refer their cases.

8. We have decided [and our faithful] for the common good and urgent necessity, that no bishop should take offense if another bishop has excommunicated his parishioner for such a cause of robbery.

9. And because to completely eradicate such great evil [and to remove it] and to plant such great good [and to establish it], episcopal authority needs to be aided by judicial power, we have decided, along with our faithful, that the lord's envoys should faithfully assist in their places, and the count should instruct his viscount and his [vicars and] centenarians and other public ministers, as well as the Franks, who are educated in the documents of worldly law, to assist for the love of Almighty God and the peace of the holy church and our fidelity, as best as they can [both by themselves and with the ministers of the church], whenever bishops or their ministers, or even the poor themselves, [on this matter] have called upon them; so that the ministers of the church have the authority of their bishop, and the ministers of the count have our authority and that of their count.

10. Moreover, we wish that if anyone should rashly regard episcopal or royal authority as nothing, while in the county or traveling, if he unjustly takes something away and contemptuously refuses to legally amend it, and being rebellious, if he is killed there, let no one of our faithful who kills him be liable for any fine, nor let anything be compensated for his death. But if any of his relatives [or friends] wishes to claim any [fine] from this, we will allow him to swear it, and we will assist our faithful with royal authority in this matter.

11. Also concerning our lord's vassals, we command that if anyone commits robbery, the count under whose authority he is should call him to amend. If he does not wish to heed the count or his envoy, he should be compelled to amend by force, as the law teaches and as is prescribed in the capitularies of our ancestors, in the same place where the robbery was committed. If he declares that he prefers to be restrained before our presence rather than before the count, he may be allowed to come before us through credible sureties or by the oath of a better man, so that such a case may reach a conclusion there. For we grant such honor to our lord's vassals, that they do not swear an oath with their own hand like others, but a better and more credible man among them should not delay in doing so.

If, however, those whom we have mentioned above despise this and do not wish to amend in any way, and remaining in contempt are killed there, we shall never hold any anger against those who have killed them. But if any of their relatives [or friends] wish to bring a complaint about this, [we can make them swear as previously stated, and] we shall assist them with our royal authority thereafter. If, however, they say that the count did not act according to the law, but out of some anger [or envy] that he held against them [before], [he shall satisfy them] before us, [according to what pleases us], that it was done not for any other reason than for robbery.

12. In order that every occasion for robbery may be removed, we wish that the priests, who ought to show a good example [of charity] to all, be hospitable, as the Apostle says: Be hospitable to one another without murmuring. Let them provide hospitality to travelers, for by this some have pleased God, having received angels as guests.

13. We have determined [with our faithful] that priests should admonish their parishioners to be hospitable themselves and to deny no one lodging while traveling. And to remove every occasion for robbery, nothing shall be sold to travelers at a higher price than what is received in the market. If they wish to sell at a higher price, they should report this to the priest, and at his command, they shall sell to them with kindness.

14. We wish that priests and the count's ministers command the villagers not to collect what is commonly called geld against those who have committed robbery. But let them refer their case to that priest who has been sent by the bishop, and to those who are the count's ministers in those places, so that everything may be corrected wisely and reasonably.

CHAPTERS IN BROILO COMPENDIUM

1. By the common counsel of our faithful, we have established that no one shall henceforth commit robbery or consent to one who does.

2. That any robbery committed in the past be amended with all diligence, and that the one who committed it endure a fitting penalty for this.

3. That if anyone is found committing robbery after this assembly and our ban, the one whose man has done it shall bring him to legal restitution in our presence. If he cannot bring him, he shall make restitution for him according to the statutes of the laws. And let all

know that he who flees justice is to be outlawed, so that no one may receive him except to present him.

REGAL PROMISE AT CARISIACUM

The petition of the bishops to Lord Karolomannus, king, when they commended themselves to him in Carisiaco on the 5th of the Ides of September, in the year 882.

We ask you to forgive, that each of us and the churches entrusted to us, according to the first chapter which the lord emperor, your grandfather, will keep from himself and from your father, with the consent of his faithful and your father's and the legates of the apostolic see, as read by Gauzlenus, may preserve the canonical privilege and due law and justice, and provide defense, just as a king ought to provide to each and every bishop and the church entrusted to him in his kingdom, and as it is contained in the writing which you granted in the monastery of the Ferrarians before the altar of Saint Peter, and confirmed with your own hand together with your brother.

The promise of Lord Karolomannus, king, in response to the above petition.

I promise and forgive you, that each of you and the churches entrusted to you, according to the first chapter which the lord emperor, my grandfather, will keep from himself and from my father, with the consent of his faithful and my father's and the legates of the apostolic see, as read by Gauzlenus, I will preserve the canonical privilege and due law and justice, and I will provide defense, as much as I can, with the Lord's help, just as a king ought to provide to each bishop and the church entrusted to him in his kingdom, and as it is contained in the writing which I granted in the monastery of the Ferrarians before the altar of Saint Peter. In this, may you be faithful helpers and advisors to me according to God and according to the world, just as your good ancestors were to my better predecessors, according to what you know and can.

LATIN TEXT

CAPITULA APUD VERNIS PALATIUM

In nomine sanctae et individuae Trinitatis, Karlomannus, gratia Dei rex, omnibus venerabilibus episcopis, abbatibus, comitibus, judicibus, omnibusque sanctae Dei ecclesiae et nostris fidelibus. Cum ad palatium Vernis anno dominicae incarnationis 884, anno autem regni nostri quinto, indictione secunda, mense Martio convenissemus, et pars fidelium nostrorum nobiscum, placuit ut quaedam statuta sacrorum canonum necnon quaedam capitula antecessorum nostrorum renovarentur; quia graviter et moleste ferimus, quod peccatis impedientibus et malitiis perversorum hominum exuberantibus, ultra modum vilescunt atque pene adnullata existunt, praecipue illa quae contra malum rapinae et depraedationis a sanctis patribus sunt promulgata, et a christianissimis regibus auctoritate regia confirmata. Siquidem ita passim longe lateque hoc venenum diffusum et dispersum est, ut quasi libere jam male abutantur omnes infecti et corrupti corpore et anima hoc tam sceleratissimo atque mortifero morbo, non recogitantes hoc quod Paulus dicit, immo Deus omnipotens per ipsum: Rapaces regnum Dei non possidebunt. Neque illud quod alibi Apostolus ait, quia si nosmetipsos comedimus et consumimus, id est depraedamur, cito deficiemus. Completur ergo in nobis, immo per nos, quod omnipotens Deus per Isaiam prophetam improperat dicens: Unusquisque carnem brachii sui vorabit, id est, substantiam fratris sui diripiet. Carnem enim brachii sui devorat, et sanguinem brachii sui bibit, qui substantiam proximi sui tollit, unde caro sustentari debuit. Non est autem mirum, si pagani et exterae nationes nobis dominantur nobisque bona temporalia tollunt, dum unusquisque proximo suo per vim tollit unde vivere debet. Ideo juste convenit nobis illud quod omnipotens Deus per Isaiam prophetam minatur dicens: Vae qui praedaris, nonne et ipse praedaberis? Nos vero praedamur fratres nostros, et idcirco pagani merito nos nostramque substantiam depraedantur. Quomodo igitur securi poterimus pergere contra inimicos sanctae Dei ecclesiae et nostros, cum rapina pauperis inclusa est in domo nostra? et non solum domi reclusa est, verum etiam plerumque evenit, ut pleno ventre rapina in hostem quidam proficiscantur. Et quomodo poterimus inimicos nostros devincere, cum sanguis fratrum nostrorum ab ore nostro distillat, et manus nostrae plenae sunt sanguine, et brachia pondere miseriarum et rapinarum gravantur, totaque virtus animi corporisque debilitatur? Preces nostrae a Deo non recipiuntur, quia clamores et ploratus altaque suspiria pauperum et orphanorum, pupillorum atque viduarum praeoccupant et praeveniunt preces nostras, quae crudis carnibus fratrum nostrorum gravatae raucitudinem acceperunt, nullam sonoritatem virtutum habentes. Et sunt multi qui ex ipsa rapina videntur eleemosynas facere, non intellegentes, quod de talibus dicit Esaias: Qui offert Domino de rapina oblationem, quasi qui mactet filium ante patrem. Et sunt nonnulli qui de homicidiis, adulteriis, perjuriis, incendiis consilium et poenitentiam quaerunt, et malum rapinae pro nihilo ducunt, non intellegentes quia quot pauperes quis exspoliat et fame ac nuditate periclitari facit, tot homicidia perpetrat: quia tunc proximum suum interficit, dum unde vivere debet ei tollit. Et scimus, dicente Paulo apostolo, quia omnis homicida non habet vitam in regno Dei, et homicidas et adulteros judicabit Deus. Quia ergo rapaces regnum Dei non possidebunt, nisi ea reddiderint quae tulerint, et insuper poenitentiam egerint, fugiamus hoc tantum malum, unde tot ac tanta alia mala procedunt, et diligamus proximos sicut nosmetipsos, adimplentes legem quae dicit: Non concupiscas rem proximi tui, nec omnia quae illius sunt. Quia aliter neque inimicis nostris poterimus resistere, neque regnum Dei possidere.

1. Volumus itaque, ut palatium nostrum, more praedecessorum nostrorum, et Dei cultu, et regali honore, sed et religionis habitu, et unanimitatis concordia, atque pacis ordine stabiliatur, et in eodem palatio nostro pax praedecessorum nostrorum sanctionibus servata, per omne regnum nostrum exequenda proferatur.

2. Decernimus igitur, ut omnes in palatio nostro commanentes, et illud undique adeuntes, pacifice vivant. Quod si aliquis corrupta pace rapinam exercuerit, per nostram regiam auctoritatem et missi nostri jussionem ad palatinam adducatur audientiam; ut secundum quod in capitulis antecessorum continetur, legali multetur judicio, tripla compositione peracta cum dominico banno.

3. Si quis vero absque seniore aut infra palatium aut circa illud degens hoc idem fecerit, hunc missus noster adeat, et ad ipsum palatium jussu nostro eum venire praecipiat. Quod si ausu temerario venire contempserit, vi ad nostram praesentiam adducatur, subdendus praedecessorum nostrorum sanctionibus. Si autem et nos et missum nostrum contempserit, et ad nos venire noluerit, et se defendendo ibi occisus fuerit, et aliquis parentum aut amicorum ejus inde faidam fidelibus nostris qui eum occiderint portare voluerit, potestative eam jurare faciemus, et fideles nostros regia auctoritate exinde adjuvabimus.

4. Placuit etiam nobis et fidelibus nostris, ut quicumque infra regnum nostrum aliquid rapuerit aut depraedatus fuerit, omnia in triplum componat, et bannum dominicum persolvat, et insuper publicam poenitentiam inde faciat, sicut in capitulari antecessorum continetur. Si autem colonus aut servus fuerit, similiter omnia in triplum componat, aut dominus pro eo sexaginta ictus bene pressos accipiat, et insuper publicam poenitentiam inde agat; cujus modus erit in consideratione episcopi, secundum quantitatem facti: quia fornicationes et adulteria atque homicidia, necnon incendia, ebrietates aliaque quamplura vitia exinde prodeunt. Si quis autem negaverit factum, si comprobatus non fuerit, propria manu juramento se excondicat ; excepto nostris vassis dominicis, pro quibus illorum homines meliores juramentum persolvent. Hoc vero cum summa diligentia tali modo procurabitur.

5. Episcopus in cujus parrochia aliquis consistens aliquid depraedatus fuerit, semel et bis atque tertio, si necesse fuerit, vocabit illum sua admonitione per suum presbyterum canonice ad emendationem [sive ad compositionem] et ad poenitentiam, ut Deo et ecclesiae satisfaciat quam laesit. Si autem despexerit atque contempserit ejus admonitionem atque saluberrimam invitationem, feriat illum pastorali virga, hoc est sententia excommunicationis, ut a communione sanctae ecclesiae omniumque christianorum sit separatus usque ad congruam satisfactionem et [dignam] emendationem. Quam excommunicationem debebit idem episcopus seniori illius notam facere et omnibus suis coepiscopis, ne eum recipiant usque ad [dignam] satisfactionem.

6. De illis autem qui infra parrochiam beneficia et alodum non habent, et alterius episcopi parrochiani sunt, et dum ad curtem pergunt aut de loco ad locum iter faciunt, rapinas et depraedationes infra parrochiam faciunt, placuit nobis ut si ita prope episcopum, ut ei depraedatio illorum nota fieri possit, antequam parrochiam ejus exeant, mittat strenuum et prudentem presbyterum, qui sua vice rationabiliter illos ad emendationem vocet. In quo superior modus compositionis et emendationis servabitur, si vocati venire noluerint. Si vero vocationem atque ammonitionem episcopi superbe contempserint, simili sententia excommunicationis feriantur qua et illi qui infra parrochiam res aut beneficia habent; et insuper excommunicentur, ne extra parrochiam exeant antequam superius statuta adimpleant. Quorum excommunicatio seniori illorum et proprio eorum episcopo significanda est, ne eos recipiant antequam illuc redeant ubi rapinam fecerunt, ibique pleniter emendentur.

7. Et quoniam episcopi, qui nostris et suis et communibus ecclesiae atque totius regni necessitatibus occupati sunt, non valent cuncta soli prospicere quae infra fines parrochiae illorum perpetrantur, statuimus, ut quotiescumque episcopi a propria civitate digrediuntur, tales adjutores unusquisque in sua civitate relinquat qui haec omnia in sua civitate prudentissime peragant, et pauperes sanguine Christi re-

dempti semper in civitate praesentem inveniant a quo responsum et consolationem accipiant. In vicis autem et villis longe a civitate remotis, constituat unusquisque episcopus reverendos et cautos atque prudentia [morum] temperatos presbyteros, qui sua vice superius statuta [modeste] perficiant, et ad quos alii presbyteri juniores et minus cauti suam causam referant.

8. Placuit nobis [et fidelibus nostris] pro communi utilitate et instanti necessitate, ut nullus episcoporum graviter ferat, si ejus parrochianum pro huiusmodi causa depraedationis alter episcopus excommunicaverit.

9. Et quia ad tantum malum funditus eradicandum [atque tollendum] et tantum bonum plantandum [atque statuendum] necesse habet episcopalis auctoritas judiciali potestate adjuvari, placuit nobis nostrisque fidelibus in commune, ut missi dominici suis in locis ex hoc fideliter adjuvent, et comes praecipiat suo vicecomiti suisque [vicariis atque] centenariis ac reliquis ministris rei publicae, necnon Francis hominibus mundanae legis documentis eruditis, ut pro amore Dei omnipotentis ac pace sanctae ecclesiae et fidelitate nostra ex hoc adjuvent, quantum melius potuerint [tam per se quam cum ministris ecclesiae], quoties episcopi aut ministri illorum, sive etiam ipsi pauperes, [super hac re] eos appellaverint; ita ut ministri ecclesiae habeant auctoritatem sui episcopi, et ministri comitis auctoritatem nostram et sui comitis.

10. Volumus autem, ut si episcopalem aut regiam auctoritatem ausu temerario aliquis pro nihilo duxerit, in comitatu consistens, aut iter faciens, si quod injuste abstulerit, legaliter emendare contempserit, et rebellis existens, si ibi occisus fuerit, nulli fidelium nostrorum qui eum occiderit aliquis faidam portet, neque pro ejus morte aliquid componat. Si vero aliquis parentum [aut amicorum] ejus aliquam [inde] faidam portare voluerit, potestative eam jurare faciemus, et fideles nostros regia auctoritate exinde adjuvabimus.

11. De nostris quoque dominicis vassallis jubemus, ut si aliquis praedas egerit, comes in cujus potestate fuerit, ad emendationem eum [venire] vocet. Qui si comitem aut missum illius audire noluerit, per forciam illud emendare cogatur, prout lex docet et quemadmodum in capitularibus regum [antecessorum nostrorum] tenetur insertum, in eodem loco ubi praeda commissa fuerit. Quod si proclamaverit, se ante praesentiam nostram velle distringi potius quam ante comitem, per credibiles fidejussores aut per sacramentum melioris hominis ante nos venire permittatur, ut ibi talis ratio finem accipiat. Honorem enim talem nostris vassis dominicis concedimus, ut ipsi non sicut reliqui manu propria sacramentum jurent, sed melior homo illorum et credibilior illud agere non differat. Si autem quae supra diximus despexerint, et nullo modo emendare voluerint, et in contemptu permanentes ibi occisi fuerint, nullam contra ipsos qui eos occiderint iracundiam tenebimus unquam. Quod si aliquis parentum [aut amicorum eorum] inde faidam portare voluerit, [potestative eam si jurare faciemus, sicut superius dictum est, et] nostra regia auctoritate exinde eum juvabimus. Si vero dixerint, quod eis comes non secundum legem fecerit, sed pro aliqua iracundia [aut invidia] quam [ante] contra illos tenebat, [illud fecerit], hoc comes eis ante nos satisfaciat, [secundum quod nobis placuerit], quod non ob aliud quam pro rapina sit actum.

12. Ut autem omnis occasio rapinae tollatur, volumus, ut presbyteri, qui bonum exemplum [caritatis] omnibus ostendere debent, hospitales existant, sicut Apostolus dicit: Hospitales invicem sine murmuratione. Quam praebeant iter facientibus, quia per illam placuerunt quidam Deo, angelis hospitio susceptis.

13. Placuit nobis [et nostris fidelibus, ut presbyteri suos parrochianos admoneant, ut et ipsi hospitales existant, et nulli iter facienti mansionem denegent. Et ut omnis occasio rapinae tollatur, nihil carius vendatur transeuntibus, nisi sicut in mercato accipiunt. Quod si carius

vendere voluerint, ad presbyterum transeuntes hoc referant, et illius jussu cum humanitate eis vendant.

14. Volumus ut presbyteri et ministri comitis villanis praecipiant, ne collectam faciant quam vulgo geldam vocant contra illos qui aliquid rapuerint. Sed causam suam ad illum presbyterum referant qui episcopi missus est, et ad illos qui in illis locis ministri comitis super hoc existunt, ut omnia prudenter et rationabiliter corrigantur.

CAPITULA IN BROILO COMPENDII

1. Communi fidelium nostrorum consilio statutum habemus, ut rapinam nullus deinceps faciat, aut facienti consentiat.

2. Ut rapina quae retro est acta, cum omni diligentia emendetur, et condignam pro hoc harmiscaram is qui eam fecit sustineat.

3. Ut si quis post hunc conventum et bannum nostrum rapinam faciens inventus fuerit, is cujus homo eam fecerit, eum ad legalem emendationem in praesentiam nostram adducat. Quod si eum adducere non potuerit, pro eo secundum statuta legum emendet. Eum autem qui justitiam fugerit, sciant omnes esse forbannitum, ita ut nullus eum nisi ad praesentandum recipiat.

PROMISSIO APUD CARISACUM

Petitio episcoporum ad domnum Karolomannum regem, quando ei se commendaverunt in Carisiaco V Idus Septembris, anno 882.

A vobis perdonare petimus, ut unicuique de nobis et ecclesiis nobis commissis, secundum primum capitulum quod novissime in Carisiaco domnus imperator avus vester a se et a Patre vestro servaturum, consentientibus fidelibus illius ac patris vestri atque apostolicae sedis legatis, legente Gauzleno, denuntiavit, canonicum privilegium et debitam legem atque justitiam conservetis, et defensionem exhibeatis, sicut rex in suo regno uuicuique et episcopo et ecclesiae sibi commissae per rectum exhibere debet, et quemadmodum continetur in scripto quod in Ferrariorum monasterio coram altare sancti Petri perdonastis, et manu propria una cum fratre vestro confirmastis.

Promissio domni Karolomanni regis aa supradictam petitionem.

Promitto et perdono vobis, quia unicuique de vobis et ecclesiis vobis commissis, secundum primum capitulum quod novissime in Carisiaco domnus imperator avus meus a se et a patre meo servaturum, consentientibus fidelibus suis ac patris mei atque apostolicae sedis legatis, legente Gauzleno, denuntiavit, canonicum privilegium et debitam legem atque justitiam conservabo, et defensionem, quantum potuero, adjuvante Domino, exhibebo, sicut rex in suo regno unicuique episcopo et ecclesiae sibi commissae per rectum exhibere debet, et quemadmodum continetur in scripto quod in Ferrariorum monasterio coram altare sancti Petri perdonavi. In hoc, ut vos mihi secundum Deum et secundum seculum sic fideles adjutores et consilio et auxilio sitis, sicut vestri antecessores boni meis melioribus praedecessoribus extiterunt, secundum scire et posse.

FRENCH TRANSLATION

CAPITULA APUD VERNIS PALATIUM

Au nom de la sainte et indivisible Trinité, Karlomannus, par la grâce de Dieu roi, à tous les vénérables évêques, abbés, comtes, juges, et à tous les fidèles de la sainte Église de Dieu et à nos fidèles. Lorsque nous nous sommes réunis au palais de Vernis en l'an de l'incarnation du Seigneur 884, cinquième année de notre règne, deuxième indiction, au mois de mars, et qu'une partie de nos fidèles était avec nous, il a été convenu que certains statuts des saints canons ainsi que certains chapitres de nos prédécesseurs soient renouvelés ; car nous supportons gravement et douloureusement que, à cause des péchés et des malices des hommes pervers, les choses s'abaissent au-delà de toute mesure et semblent presque anéanties, surtout celles qui ont été promulguées contre le mal du vol et du pillage par les saints pères, et confirmées par l'autorité royale des rois très chrétiens. En effet, ce poison s'est répandu si largement et si largement qu'il semble que tous ceux qui sont infectés et corrompus dans leur corps et leur âme abusent librement de ce maléfice aussi criminel que mortel, ne réfléchissant pas à ce que dit Paul, en fait, Dieu tout-puissant par lui : Les rapaces n'hériteront pas du royaume de Dieu. Ni ce que dit ailleurs l'Apôtre, car si nous nous mangeons et nous consommons nous-mêmes, c'est-à-dire si nous nous pillons, nous faiblirons vite. Il s'accomplit donc en nous, en fait par nous, ce que Dieu tout-puissant reproche par le prophète Isaïe en disant : Chacun dévorera la chair de son bras, c'est-à-dire qu'il dépouillera la substance de son frère. En effet, il dévore la chair de son bras et boit le sang de son bras, celui qui prend la substance de son prochain, dont la chair aurait dû être soutenue. Il n'est donc pas étonnant que les païens et les nations étrangères dominent sur nous et nous dépouillent de nos biens temporels, tandis que chacun prend par la force à son prochain ce dont il doit vivre. C'est pourquoi il convient justement à nous ce que Dieu tout-puissant menace par le prophète Isaïe en disant : Malheur à toi qui pille, n'es-tu pas toi-même pillé ? En effet, nous pillons nos frères, et c'est pourquoi les païens nous dépouillent à juste titre, nous et notre substance. Comment donc pourrons-nous avancer en toute sécurité contre les ennemis de la sainte Église de Dieu et les nôtres, alors que le pillage du pauvre est enfermé dans notre maison ? Et non seulement il est enfermé dans la maison, mais il arrive aussi souvent que, le ventre plein, certains partent en guerre contre l'ennemi. Et comment pourrons-nous vaincre nos ennemis, alors que le sang de nos frères dégoutte de notre bouche, que nos mains sont pleines de sang, et que nos bras sont alourdis par le poids des misères et des pillages, et que toute la force de notre âme et de notre corps est affaiblie ? Nos prières ne sont pas reçues de Dieu, car les cris et les pleurs, ainsi que les soupirs des pauvres et des orphelins, devancent et préviennent nos prières, qui, chargées de la chair crue de nos frères, ont pris une voix rauque, n'ayant aucune sonorité de vertu. Et il y en a beaucoup qui semblent faire des aumônes à partir de ce pillage, ne comprenant pas ce qu'Isaïe dit de tels : Celui qui offre au Seigneur une oblation de pillage, c'est comme celui qui immole un fils devant son père. Et il y en a certains qui cherchent conseil et pénitence pour des homicides, des adultères, des parjures, des incendies, et tiennent le mal du pillage pour rien, ne comprenant pas que pour chaque pauvre qu'on dépouille et qu'on met en péril par la faim et la nudité, on commet autant d'homicides : car il tue alors son prochain, lorsqu'il lui prend ce dont il doit vivre. Et nous savons, selon ce que dit l'apôtre Paul, que tout homicide n'a pas la vie dans le royaume de Dieu, et Dieu jugera les homicides et les adultères. Puisque donc les rapaces n'hériteront pas du royaume de Dieu, à moins qu'ils ne rendent ce qu'ils ont pris, et en plus qu'ils fassent pénitence, fuyons ce mal, d'où tant et tant d'autres maux proviennent, et aimons nos prochains comme nous-mêmes, accomplissant la loi qui dit : Tu ne convoiteras pas la chose de ton prochain, ni tout ce qui est à lui. Car autrement, nous ne pourrons ni résister à nos ennemis, ni posséder le royaume de Dieu.

1. Nous voulons donc que notre palais, selon l'usage de nos prédécesseurs, soit établi dans le culte de Dieu, dans l'honneur royal, mais aussi dans l'habit de la religion, dans l'unanimité de la concorde, et dans l'ordre de la paix, et que dans ce même palais notre paix, maintenue par les sanctions de nos prédécesseurs, soit promulguée à travers tout notre royaume.

2. Nous décrétons donc que tous ceux qui résident dans notre palais, et qui y viennent de tous côtés, vivent pacifiquement. Si quelqu'un exerce un pillage en brisant la paix, qu'il soit amené par notre autorité royale et par l'ordre de nos envoyés à l'audience palatine ; afin qu'il soit puni par un jugement légal, selon ce qui est contenu dans les chapitres des prédécesseurs, après avoir effectué une composition triple avec l'interdiction seigneuriale.

3. Si quelqu'un, sans l'aîné, que ce soit dans le palais ou autour de celui-ci, a fait la même chose, que notre envoyé l'approche, et qu'il ordonne à lui de venir à ce palais par notre commandement. Et s'il refuse avec une audace téméraire de venir, qu'il soit amené par la force à notre présence, devant être soumis aux sanctions de nos prédécesseurs. Mais si lui et notre envoyé méprisent, et ne veulent pas venir à nous, et qu'il soit tué en se défendant là, et qu'un de ses parents ou amis veuille porter une plainte contre nos fidèles qui l'ont tué, nous ferons en sorte qu'il puisse jurer cela, et nous aiderons nos fidèles par notre autorité royale.

4. Il a également été convenu avec nous et nos fidèles que quiconque a volé ou a été dépouillé dans notre royaume, doit tout rembourser en triple, et payer l'amende seigneuriale, et en plus faire une pénitence publique à ce sujet, comme cela est contenu dans le capitulaire des prédécesseurs.

Si cependant un colon ou un esclave a commis une infraction, qu'il compense tout en triple, ou que le maître reçoive en son nom soixante coups bien marqués, et en outre fasse une pénitence publique à cet égard ; la manière dont cela sera fait sera à la discrétion de l'évêque, selon la gravité de l'infraction : car les fornications, les adultères, les homicides, ainsi que les incendies, les ivrogneries et bien d'autres vices en découlent. Si quelqu'un nie avoir commis l'acte, s'il n'est pas prouvé, qu'il se déclare par son propre serment ; sauf pour nos vassaux seigneuriaux, pour lesquels ces hommes paieront un serment meilleur. Cela devra être soigneusement géré de cette manière.

5. L'évêque dans la paroisse où quelqu'un a commis un vol, une ou deux ou trois fois, si nécessaire, l'appellera par l'avertissement de son prêtre pour une correction [ou une compensation] et pour une pénitence, afin qu'il fasse satisfaction à Dieu et à l'Église pour ce qu'il a lésé. Mais s'il méprise et méprise son avertissement et sa salutaire invitation, qu'il soit frappé de la verge pastorale, c'est-à-dire de l'excommunication, afin qu'il soit séparé de la communion de la sainte Église et de tous les chrétiens jusqu'à ce qu'il fasse une satisfaction adéquate et [digne] correction. Cette excommunication devra être signalée par le même évêque au supérieur de celui-ci et à tous ses coépiscope, afin qu'ils ne l'acceptent pas jusqu'à [digne] satisfaction.

6. Quant à ceux qui n'ont pas de bénéfices et d'alod dans la paroisse, et qui sont d'une autre paroisse épiscopale, et qui, en se rendant à la cour ou en faisant un trajet d'un lieu à un autre, commettent des vols et des dépouillements dans la paroisse, nous avons décidé que si cela se produit près de l'évêque, afin que le vol puisse lui être signalé, avant qu'ils ne sortent de sa paroisse, il envoie un prêtre énergique et prudent, qui, en son nom, les appelle raisonnablement à la correction. Dans ce cas, la méthode supérieure de compensation et de correction sera observée, si ceux qui sont appelés ne veulent pas venir. Mais si, avec orgueil, ils méprisent l'appel et l'avertissement de l'évêque, ils

seront frappés de la même sentence d'excommunication que ceux qui ont des biens ou des bénéfices dans la paroisse ; et en outre, ils seront excommuniés, afin qu'ils ne sortent pas de la paroisse avant d'avoir accompli ce qui a été établi ci-dessus. L'excommunication de ceux-ci doit être signalée au supérieur de ceux-ci et à leur propre évêque, afin qu'ils ne les acceptent pas avant qu'ils ne retournent là où ils ont commis le vol et qu'ils y fassent une pleine réparation.

7. Et parce que les évêques, qui sont occupés par les nécessités de l'Église et de tout le royaume, ne peuvent pas veiller seuls à tout ce qui se passe dans les limites de leur paroisse, nous avons établi que chaque fois que les évêques quittent leur propre ville, chacun d'eux laisse dans sa ville de tels assistants qui accomplissent tout cela avec sagesse, et que les pauvres rachetés par le sang du Christ trouvent toujours dans la ville quelqu'un à qui demander réponse et consolation. Dans les villages et hameaux éloignés de la ville, chaque évêque doit établir des prêtres respectés, prudents et tempérés, qui accomplissent modestement ce qui a été statué ci-dessus, et vers lesquels d'autres prêtres plus jeunes et moins prudents peuvent se référer pour leurs affaires.

Nous avons décidé, pour le bien commun et l'urgence de la nécessité, qu'aucun évêque ne supporte gravement si un paroissien est excommunié par un autre évêque pour une telle cause de dépouillement.

8. Et parce qu'il est nécessaire que l'autorité épiscopale soit aidée par le pouvoir judiciaire pour éradiquer un tel mal et établir un tel bien, nous avons décidé, avec nos fidèles en commun, que les envoyés du seigneur aident fidèlement dans leurs lieux, et que le comte ordonne à son vice-comte et à ses [vicaires et] centeniers et autres ministres de la république, ainsi qu'aux hommes francs instruits par les documents de la loi mondaine, d'aider en ce qui concerne l'amour de Dieu tout-puissant et la paix de la sainte Église et notre fidélité, autant qu'ils le peuvent [tant par eux-mêmes qu'avec les ministres de l'Église], chaque fois que les évêques ou leurs ministres, ou même les pauvres

eux-mêmes, les appelleront à ce sujet ; de sorte que les ministres de l'Église aient l'autorité de leur évêque, et que les ministres du comte aient notre autorité et celle de leur comte.

9. Nous voulons cependant que si quelqu'un considère l'autorité épiscopale ou royale comme négligeable, en étant présent dans le comté ou en voyage, s'il refuse de réparer légalement ce qu'il a injustement pris, et s'il est considéré comme rebelle, s'il est tué là, aucun de nos fidèles qui l'a tué ne porte de faide contre lui, ni ne compense quoi que ce soit pour sa mort. Si cependant un parent [ou un ami] veut porter une faide à ce sujet, nous permettrons qu'il le jure, et nous aiderons nos fidèles par l'autorité royale à cet égard.

10. Concernant nos vassaux seigneuriaux, nous ordonnons que si quelqu'un a commis des dépouilles, le comte sous l'autorité duquel il se trouve l'appelle à la réparation. S'il ne veut pas écouter le comte ou son envoyé, il sera contraint de réparer par la force, comme la loi l'enseigne et comme il est inséré dans les capitulaires de nos prédécesseurs rois, au même endroit où le vol a été commis. S'il proclame vouloir être contraint devant nous plutôt que devant le comte, il pourra venir devant nous par des cautions crédibles ou par le serment d'un homme meilleur, afin que là une telle affaire trouve une conclusion. En effet, nous accordons à nos vassaux seigneuriaux un tel honneur, qu'ils ne jurent pas par leur propre main comme les autres, mais qu'un homme meilleur et plus crédible d'entre eux ne tarde pas à le faire.

11. Si toutefois ceux qui ont été mentionnés ci-dessus méprisent tout cela, et ne souhaitent en aucun cas se corriger, et qu'ils restent dans le mépris, et qu'ils soient tués là, nous ne garderons jamais aucune colère contre ceux qui les ont tués. Mais si l'un des parents [ou amis] souhaite porter plainte à ce sujet, [nous pourrons, si nous le jurons, comme il a été dit ci-dessus, et] par notre autorité royale, nous l'aiderons. Si toutefois ils disent que le comte n'a pas agi selon la loi, mais par quelque colère [ou envie] qu'il avait [auparavant] contre

eux, [qu'il ait agi ainsi], le comte devra leur donner satisfaction devant nous, [comme il nous plaira], que cela ait été fait pour un acte de vol et non pour autre chose.

12. Afin que toute occasion de vol soit supprimée, nous voulons que les prêtres, qui doivent montrer un bon exemple [de charité] à tous, soient hospitaliers, comme le dit l'Apôtre : Soyez hospitaliers les uns envers les autres sans murmure. Qu'ils offrent l'hospitalité à ceux qui voyagent, car à travers cela, certains ont plu à Dieu, ayant reçu des anges en hôtes.

13. Nous avons décidé [avec nos fidèles, que les prêtres doivent exhorter leurs paroissiens à être hospitaliers eux aussi, et à ne refuser à personne un abri lors de leur voyage. Et afin que toute occasion de vol soit supprimée, rien ne doit être vendu aux passants à un prix plus élevé que ce qu'ils paient sur le marché. S'ils souhaitent vendre à un prix plus élevé, qu'ils en informent le prêtre en passant, et qu'ils vendent avec humanité selon son ordre.

14. Nous voulons que les prêtres et les ministres du comte ordonnent aux paysans de ne pas faire de collecte que l'on appelle communément geld contre ceux qui auraient volé quelque chose. Mais qu'ils réfèrent leur cause à ce prêtre qui a été envoyé par l'évêque, et à ceux qui sont ministres du comte dans ces lieux, afin que tout soit corrigé avec prudence et raison.

CAPITULA IN BROILO COMPENDII

1. Par le conseil commun de nos fidèles, nous avons établi que personne ne fasse plus de vol, ni n'y consente.

2. Que le vol qui a été commis soit réparé avec toute diligence, et que celui qui l'a commis subisse une peine appropriée pour cela.

3. Que si quelqu'un est trouvé en train de commettre un vol après cet accord et notre bannissement, celui dont l'homme a commis cela doit l'amener à une réparation légale en notre présence. S'il ne peut pas l'amener, qu'il le répare selon les statuts des lois. Celui qui fuira la justice sera considéré comme banni, de sorte que personne ne l'accepte sauf pour le présenter.

PROMISSIO APUD CARISACUM

Pétition des évêques au seigneur Karolomannus roi, lorsqu'ils se sont remis à lui à Carisiaco le 5 des ides de septembre, en l'an 882.

Nous vous demandons pardon, afin que chacun de nous et des églises qui nous sont confiées, selon le premier chapitre que le seigneur empereur, votre grand-père, a récemment fait observer à Carisiaco, avec le consentement des fidèles de celui-ci et de votre père ainsi que des légats du siège apostolique, en lisant Gauzleno, conserve le privilège canonique et la loi et la justice dues, et que vous fournissiez une défense, comme le roi doit le faire dans son royaume pour chacun et pour l'évêque et l'église qui lui sont confiées, et comme cela est contenu dans l'écrit que vous avez pardonné au monastère des Ferrariens devant l'autel de saint Pierre, et que vous avez confirmé de votre propre main avec votre frère.

Promesse du seigneur Karolomannus roi à la pétition susmentionnée.

Je vous promets et vous pardonne, car à chacun de vous et aux églises qui vous sont confiées, selon le premier chapitre que le seigneur empereur, mon grand-père, a récemment fait observer à Carisiaco, avec le consentement de ses fidèles et de mon père ainsi que des légats du siège apostolique, en lisant Gauzleno, j'observerai le privilège canonique et la loi et la justice dues, et je fournirai une défense, autant que je le pourrai, avec l'aide du Seigneur, comme le roi doit le faire dans son royaume pour chaque évêque et pour l'église qui lui est confiée, et comme cela est contenu dans l'écrit que j'ai pardonné au monastère des Ferrariens devant l'autel de saint Pierre. Dans cela, que vous soyez pour moi selon Dieu et selon le siècle, ainsi fidèles assistants et conseillers et aides, comme vos ancêtres ont été bons pour mes meilleurs prédécesseurs, selon ce que vous savez et pouvez.

This work was produced in association with:

www.ingramcontent.com/pod-product-compliance
Lightning Source LLC
LaVergne TN
LVHW061623070526
838199LV00078B/7404